AF554400

TRANSFORMATION DÉMOCRATIQUE
DE LA PROPRIÉTÉ FONCIÈRE
ET DE L'AGRICULTURE.

RECONSTITUTION DE LA GRANDE PROPRIÉTÉ.

« La réalisation des réformes, des améliorations et des progrès, dont le besoin » est au fond de toutes les agitations révo- » lutionnaires, peut seule apporter des con- » ditions durables de paix intérieure et de » prospérité. » (SÉNARD, *anc. ministre de l'intérieur, anc. président de l'Assemblée nationale constituante.*)

« Conservation par le progrès. » (*Indépendance belge.*)

« Le progrès est la loi de notre époque. »
« L'association affermit l'ordre social et » moralise le monde. »
« Le sol est la base de la richesse. »

« La justice et la charité, voilà les deux » principes qui donneront la solution de la » terrible énigme proposée par le sphynx » nouveau et des formidables problèmes » sociaux. » (Mgr SIBOUR, *archevêque de Paris.*)

Par F. M. E. DUMONT DE LA FONTAINE,
Membre de l'Athénée des Arts, Sciences, Belles-Lettres et Industrie de Paris.

PRIX : 25 CENTIMES.

PARIS,
AU CABINET DE LECTURE, PASSAGE JOUFFROY, 26,
ET CHEZ TOUS LES LIBRAIRES.

1851

OUVRAGES DU MEME AUTEUR.

Examen critique du siècle et plan d'améliorations sociales. Février 1839.

De l'organisation du Crédit foncier. Mai 1839.

Plan d'éducation populaire. Juillet 1839.

De la création et de la transmission des offices. Septembre 1839.

De l'association et des sociétés par actions et autres. Juillet 1840.

Un mot, à propos de la question d'Orient, sur le devoir de la France et l'avenir de l'Europe, et lettre au roi. Août 1840.

De la liberté professionnelle et de l'abolition de la vénalité des offices et des priviléges. 1841.

Protestation contre une décision du ministre de l'Instruction publique, prise en conseil royal, au sujet d'une demande tendant à ouvrir un Cours public et gratuit d'économie politique et industrielle pratique, et appel de cette décision du ministre et du conseil royal dans l'erreur au ministre et au conseil royal mieux informés. 1842.

De l'alignement des rues. 1844.

Observations sur le régime cellulaire. 1846.

De l'Organisation du travail. 1848.

Le Pouvoir et l'Assemblée nationale jugés par leurs actes. 1848.

Plus d'impôts, ou **nouveau système financier,** ayant notamment pour résultat de supprimer les impôts, de relever immédiatement l'agriculture, l'industrie et le commerce, et de procurer à tous la vie à bon marché. **1848-1849.**

Situation. Reconstitution de l'Europe et nouvelle organisation sociale et politique, ou **nouveau système gouvernemental, financier, administratif et judiciaire.** 1849.

Réforme financière. 1850.

Nouveau mode de gouvernement. 1850.

Lettre au Pape sur l'unité européenne, et les destinées de Rome. 1850. (Inédite.)

CONSIDÉRATIONS GÉNÉRALES.

PRÉLIMINAIRES.

I.

L'état actuel de la Société, en ce qui touche surtout au bien-être des classes laborieuses et souffrantes, réclame évidemment de profondes et urgentes améliorations. — Nul ne peut le contester.

Ce besoin, qui travaille la société, qui la tourmente, qui la mine sourdement, qui l'a ébranlée jusque dans ses fondements et menace son existence, ce besoin a donné naissance et sert continuellement de prétexte à de folles utopies, à d'extravagantes prétentions, à des exigences ridicules, exagérées et injustes, à de criminelles manœuvres.

Plus sont grandes les améliorations à introduire et plus il est difficile de les réaliser en un jour.

Dans une société établie, il faut soigneusement respecter le lien intime qui existe entre le présent et l'avenir, entre les traditions et le progrès, entre ce qui est et ce qui doit être : rompre violemment ce lien et changer brusquement les choses, c'est jeter la perturbation dans les existences, le trouble dans les esprits, la haine dans les cœurs ; c'est scinder la société en deux camps ennemis ; c'est établir une vendetta continuelle et la guerre civile en permanence ; c'est ruiner et détruire la société.

Et ce n'est point, d'ailleurs, par la violence qu'on obtient et qu'on réalise de grandes et bonnes améliorations. La violence ne produit rien de bon ; elle dépasse toujours le but et laisse rarement tout à fait pur celui qui l'a commise ; elle implique l'instabilité, qui ne satisfait pas l'esprit, et consacre l'empire brutal de la force matérielle, qui ne saurait dominer dans un siècle de lumières, de raison, de justice et de liberté, qui ne peut visiblement pas subsister chez un peuple libre et civilisé comme le peuple de France.

II.

Les deux problèmes sociaux et économiques qu'il importe le plus de résoudre promptement sont :

1° *L'augmentation et l'écoulement des produits*, pour le producteur; *le bon marché*, pour le consommateur.

2° *L'amélioration du sort moral et physique du travailleur*, au moyen notamment d'une juste participation aux richesses qu'il concourt à produire.

La nécessité du bon marché est une conséquence, — soit de la civilisation, qui a multiplié les besoins, en ajoutant aux besoins naturels des besoins sociaux, non moins impérieux que les autres, — soit de la mauvaise administration du pays, par suite de laquelle la richesse générale, faute notamment d'une direction supérieure, intelligente et paternelle, ne s'est pas accrue et répartie en proportion des nouveaux besoins, de manière à maintenir l'équilibre indispensable entre la production, devenue relativement surabondante, et la consommation, empêchée et restreinte par le défaut de bien-être; — ce qui a produit dans la société un malaise général et des souffrances considérables, qui sont assurément la cause principale et première de nos révolutions, surtout de celle de 1848 et de celle, bien plus effrayante encore, à laquelle nous touchons.

L'amélioration du sort des travailleurs n'est pas seulement un acte de justice déjà trop éludé, c'est un besoin social qu'il faut absolument satisfaire sans retard, pour éviter des représailles violentes, funestes à tout le monde.

III.

Jeter les fondements d'un système pratique

Qui résolve réellement, librement pour tous, sans contrainte et sans préjudice pour personne, ces problèmes difficiles et dangereux d'organisation du travail, d'égalité, de solidarité, d'abolition du prolétariat et d'extinction du paupérisme, avec lesquels on irrite les masses, on soulève les pavés, on fait couler le sang, on sème partout l'inquiétude et la misère, on divise les citoyens et l'on trompe le peuple, en se servant de lui comme d'un instrument et d'un marchepied pour monter au pouvoir et arriver à la fortune, sauf, quand on est parvenu, à repousser le marchepied à briser l'instrument, à renier le peuple!

Qui donne équitablement prompte et réelle satisfaction aux besoins raisonnables et aux légitimes exigences des classes laborieuses et souffrantes, tout en respectant les droits acquis, les intérêts de chacun, et ces principes d'éternelle justice sur lesquels reposent les sociétés civilisées : le *travail*, la *propriété* et la *famille* ;

Qui, en répandant le bien-être dans toutes les classes, procure au profit des producteurs et des consommateurs l'écoulement des produits et le bon marché, — mais en améliorant les choses et diminuant les frais inutiles d'exploitation, comme le veulent les vrais principes économiques, et non point par l'avilissement des produits, la ruine des producteurs et la diminution des salaires, ainsi qu'on le fait trop souvent par ignorance ou mépris de ces principes;

Qui, enfin, par tous ces moyens, calme les esprits, apaise les passions, concilie les intérêts, unisse les hommes, raffermisse la société et permette à l'humanité de marcher sans cesse, régulièrement, sans entraves et sans secousses, à l'accomplissement de ses destinées :

Tel est le but que doit avoir en vue tout homme de cœur et de conscience, véritablement animé du sentiment du bien public et de l'amour de ses semblables, but que je crois possible d'atteindre pacifiquement en transformant la propriété et l'agriculture, l'industrie et le commerce, dans le sens et par les moyens pratiques que je me propose d'exposer, en commençant aujourd'hui par ce qui concerne la richesse territoriale, c'est-à-dire la propriété foncière et l'agriculture.

I.

La société française se transforme et se démocratise chaque jour davantage. — Ce n'est pas là une opinion personnelle discutable, c'est un fait acquis à l'histoire et d'une justification facile.

La révolution de 1830 avait rendu la bourgeoisie toute puissante; celle de 1848 tend à faire dominer l'élément démocratique. La bourgeoisie s'est élevée; le peuple veut s'élever à son tour; — et cela doit être.

Cela doit être, parce que la société, progressant incessamment, attendu que c'est sa condition vitale, tend à se perfectionner de plus en plus, et que l'élévation du peuple n'est qu'un perfectionnement social. Les luttes n'élèvent l'un qu'en abaissant l'autre. La civilisation n'avilit personne; elle élève, elle ennoblit tout le monde, au contraire, en honorant le travail, qui est le champ de bataille et la loi de notre époque, un des agents essentiels de la production, la base de la richesse, le principe du capital et de la propriété (1).

Cela doit être, surtout chez un peuple qui inscrit dans sa constitution et sur ses monuments publics le divin mot de fraternité : car les hommes, frères et unis au point de départ, n'ont été séparés et rendus ennemis que par les mauvaises passions humaines; et si l'égalité absolue est une chimère

(1) Le capital n'est que le travail réalisé, économisé et accumulé sous une forme matérielle et compacte. Si, gagnant 2 fr. par jour, je dépense 1 fr., il me reste 1 fr. En accumulant ce travail de chaque jour, j'ai au bout de l'an un capital de 365 fr. C'est ainsi que le capital s'est formé et s'accroît toujours. Le travail est donc le principe du capital.

que la nature dément à chaque instant, en tout, en tous et en chacun, même en ceux qui la proclament, il n'en est pas moins vrai que l'humanité, malgré les obstacles dont on sème sa route, marche à grands pas vers la réalisation de la pensée chrétienne, qui est son but final.

Celui qui, comprenant ce mouvement humanitaire, cette transformation sociale, leur viendra en aide, en facilitant la fusion des classes et l'union des hommes, rendra à la société un service signalé, en même temps qu'il accomplira un devoir social.

Or, l'intérêt, sous quelque forme qu'il se déguise, étant le mobile permanent, le plus énergique et le plus puissant, des actions humaines, c'est principalement à lui qu'il faut demander le moyen de rapprocher les hommes, le lien qui doit les unir, en associant leurs intérêts d'une manière avantageuse pour tous et pour chacun.

Reconstituer la grande propriété, non pas sur les anciennes bases de la féodalité et du servage, mais sur les bases nouvelles de la démocratie et de l'association, au moyen de sociétés foncières et agricoles, où seront réunies, dans un intérêt commun, les parcelles aujourd'hui séparées, et où, les travailleurs participant aux bénéfices, le capital et le travail, maintenant en désaccord, seront unis d'intérêt : tel est un des principaux moyens de conciliation, d'alliance, de fusion et de progrès qu'on peut, ce me semble, fructueusement employer, et que tous les vrais amis de l'humanité, du pays, du peuple et de l'ordre, doivent, dès lors, tenter, afin de prévenir, s'il se peut, l'effrayante catastrophe dont la société européenne est en ce moment menacée.

Le morcellement a déjà démocratisé la propriété territoriale en France; mais ce morcellement, qui a produit son effet providentiel, en faisant passer une grande partie du sol aux mains du peuple, a été poussé à l'extrême, — comme presque tout ce qui manque d'une direction supérieure tutélaire, éclairée et prévoyante, — et il est, d'ailleurs, funeste en soi au point de vue économique, c'est-à-dire quant à la production de la richesse ; car

Il nécessite des séparations, des clôtures et des passages multipliés qui enlèvent à la culture beaucoup de terrain.

Il ne permet pas l'emploi des procédés économiques, l'amélioration des méthodes, et, en un mot, tous les perfectionnements agricoles préparés par la science, que la culture en grand peut seule réaliser, perfectionnements qui augmentent et bonifient les produits (1), diminuent les frais et soulagent l'homme.

Il s'oppose à ce que chaque terrain reçoive la culture et donne le produit les mieux appropriés à sa nature, au lieu de consulter la convenance onéreuse de celui qui, possédant peu de terrain, veut cependant avoir des produits de toutes sortes, afin de satisfaire aux divers besoins de sa propre consommation et d'avoir des ressources plus variées.

Il multiplie enfin, d'une manière incroyable, les dépenses d'administration et d'exploitation, notamment en perte de temps et frais de transport et de déplacement, soit pour se rendre au travail, soit pour aller vendre les produits et acheter les objets nécessaires à la récolte et à la culture, etc. (2).

(1) On sait, par exemple, que les vins des paysans ou petits propriétaires sont classés et vendus à un prix bien inférieur à ceux des grands propriétaires voisins, quoique de mêmes cru et qualités, parce qu'ils sont généralement moins soignés.

(2) On peut, sans exagérer, évaluer à environ 100 fr. par an et par famille de paysans, le temps perdu ou mal employé et les dépenses inutiles qu'occasionnent presque toujours les voyages et le séjour en ville.

Et puis, dans son état actuel, la propriété territoriale en France, grande ou petite, et surtout la petite, manque de capitaux ou ne s'en procure que difficilement et à des conditions ruineuses : d'où il suit que non seulement la culture est souvent négligée, mais encore que le propriétaire est fréquemment obligé de vendre ses récoltes à vil prix. Il existe maintenant un certain antagonisme entre la richesse financière et la richesse territoriale : pour celle-ci, l'argent est un ogre qui la dévore. Le crédit foncier, établi dans de bonnes conditions, serait comme une manne de vie pour la propriété territoriale. Les associations foncières et agricoles feront plus encore et rendront le crédit foncier inutile, en unissant l'argent au sol ; ces associations auront des capitaux à elles, et, d'ailleurs, offrant des garanties et possédant des ressources qui manquent aux propriétaires isolés, elles pourront toujours se procurer de l'argent avec autant de facilité et à des conditions aussi favorables que les meilleures maisons industrielles et commerciales.

Enfin, le morcellement c'est le maintien à perpétuité de l'isolement, de la division, de la rivalité, de l'antagonisme, de la lutte entre les classes et les hommes, entre les propriétaires voisins ; et l'on ne sait que trop, malheureusement, combien de déplorables conséquences résultent de là : empiétements, vols, disputes, voies de fait, prison, etc., etc. Les associations foncières et agricoles seront un moyen pratique de mettre heureusement un terme à ce triste état de choses.

Il doit arriver un moment où, selon leur fortune respective, chaque famille agricole et un très grand nombre de familles urbaines auront leurs maisons de campagne, de plaisance ou d'habitation, établies dans les sites les plus agréables, et où le reste du sol, divisé en grandes exploitations, sera cultivé, sans lacunes et sans perte de terrain, avec beaucoup plus d'avantages qu'à présent; —appartiendra indivisément à un nombre de personnes, de toutes classes et de toutes fortunes, bien plus grand que celui des propriétaires actuels, — et circulera facilement, pour ainsi dire, au moyen des Sociétés foncières et agricoles, où le sol et les capitaux unis seront représentés par des titres transmissibles comme les titres de rentes et les actions industrielles; — ce qui permettra au propriétaire ayant personnellement besoin d'argent de s'en procurer facilement et sans frais.

II.

Le travail concourant avec le capital à produire la richesse, il est de toute justice qu'il reçoive une part équitable de cette richesse. Sans travail, il n'y a pas de richesse, le capital inutilisé étant une valeur morte; de même que sans capital on ne peut pas travailler. Comment bâtir une maison sans matériaux et payer les ouvriers sans argent? L'enclume du forgeron, l'établi du menuisier, la truelle du maçon, le tranchet du cordonnier, la pioche du cultivateur, le violon du musicien, et jusqu'à la plume de l'écrivain, tout cela n'est-il pas un capital, sans lequel on ne peut rien faire? Donc, s'il n'est pas vrai de dire, ainsi qu'on ne l'a jusqu'ici que trop affirmé en fait, que le capital soit tout et le travail rien, il n'est pas plus raisonnable de prétendre, comme certains le font pour plaire au peuple en le trompant, que le travail est tout et le capital rien. Le capital et le travail sont également nécessaires et ont également besoin l'un de l'autre : c'est unis et agissant ensemble qu'ils produisent la richesse, à laquelle ils doivent, dès lors, participer tous les deux, proportionnellement à leur utilité respective, selon les circonstances. Tantôt le travail joue le plus grand rôle, et d'autres fois c'est le capital. Avec un faible capital un artiste de grand talent produit un objet d'un prix élevé : là c'est le travail qui occupe le premier rang et mérite la plus forte part. En fait de banques, au contraire, c'est le capital, parce qu'il est la chose essentielle et court le plus de chances. Voilà la vérité et l'équité que notre système de participation établit et consacre pratiquement, en laissant, d'ailleurs, au capital la prédominance qui lui appartient de fait par la possession, et de raison par son importance réelle et généralement supérieure dans l'œuvre économique de la production; ce qui concilie le fait et le droit, le passé et l'avenir, la tradition et le progrès. — Dans les sociétés foncières et agricoles les travailleurs, indépendamment de leur salaire ou minimum de rémunération, — comme l'intérêt est le minimum de rémunération du capital, — participeront aux bénéfices.

Ainsi, les ouvriers agricoles, élevés au rang d'intéressés ou associés, ne seront plus de simples mercenaires; le travail se trouvera véritablement affranchi et le prolétariat détruit (1). — Et ce ne seront pas seulement les proprié-

(1) On sait qu'à différentes reprises, surtout depuis 1848, de prétendus amis du peuple ont réclamé l'augmentation des salaires. Or, l'élévation des salaires, si exagérée qu'elle puisse être, n'améliore pas la condition sociale de l'ouvrier, qu'elle laisse dans la position inférieure de simple mercenaire, et ne fait pas non plus cesser la division d'intérêts et l'antagonisme qui existent entre le patron et l'ouvrier. En outre, l'élévation du salaire a pour résultat forcé d'augmenter le prix des choses, et, par suite, de diminuer la consommation, et en réduisant la consommation de restreindre le travail, ce qui retombe sur l'ouvrier. Lorsque pour plaire au peuple on réclame l'élévation des salaires, on trompe donc le peuple.

taires qui se trouveront unis, — ou bien les ouvriers associés entre eux, mais restant séparés des maîtres, dont ils deviendraient les rivaux ; — ce seront les propriétaires et les travailleurs agricoles qui seront tous unis par un intérêt commun, et formeront, pour ainsi dire, une seule et même famille.

Les simples associations d'ouvriers agricoles ne font cesser ni la division des classes, dont elle rendent, au contraire, la rivalité plus dangereuse, ni les désavantages inhérents au morcellement du sol. Le système de participation ou d'union des maîtres et des ouvriers réalise ce double progrès social et économique ; — de même qu'il résout pratiquement, sans violence et sans perturbation, ces problèmes difficiles et dangereux d'organisation du travail, d'abolition du prolétariat, d'extinction du paupérisme, de solidarité, etc., etc., avec lesquels on agite le peuple, on flatte ses passions et on l'irrite contre les classes riches.

Or, cette participation du travail aux bénéfices qu'il concourt à produire, — outre que c'est un acte de justice sociale envers les travailleurs et un moyen des plus énergiques et des plus féconds de moralisation, de conciliation et de progrès (1), — cette participation, loin de nuire au capital, lui sera profitable, au contraire, ainsi qu'à tout le monde : car elle assure à l'œuvre commune, de la part du travailleur, un concours plus sincère, plus entier et plus fructueux que celui qu'il ne prête maintenant qu'à regret, parce qu'il se regarde comme insuffisamment rémunéré et exploité par le capital, qui garde, effectivement, pour lui seul, tous les profits obtenus en commun.

(1) Ce système de participation, largement appliqué avant Février, eût assurément suffi pour empêcher la révolution, ainsi rendue inutile et impossible.

Aujourd'hui, dans l'état de lutte permanente qui existe entre celui qui possède et celui qui ne possède pas, entre le capital et le travail, entre le maître et l'ouvrier, celui-ci, indifférent au succès du maître, s'il ne désire pas sa chute, fait ou laisse perdre, volontairement, au préjudice du maître et de la société tout entière, une somme de richesse considérable, dont l'ouvrier ni personne ne profite. C'est un trésor que l'ouvrier gaspille ou laisse improductif, comme font certains capitalistes ou propriétaires en laissant leur argent non utilisé et leurs terrains incultes ou mal cultivés. Le système de participation que nous proposons d'introduire en faveur des ouvriers agricoles dans l'exploitation de l'agriculture, en rendant commun l'intérêt de celui qui possède et de celui qui ne possède pas, du capital et du travail, du maître et l'ouvrier, détruit l'antagonisme qui les divise, procure à l'œuvre commune tous les trésors que le travail renferme et à la richesse générale une production plus considérable, profitable à tout le monde (1).

III.

Enfin, dans une société civilisée et, conséquemment, humaine et fraternelle, ceux qui possèdent ou qui travaillent doivent l'existence à ceux qui n'ont rien et ne peuvent plus

(1) Les ouvriers associés, sans capital et aussi parfois sans connaissances industrielles et administratives et sans direction, ont cependant obtenu des résultats qui prouvent ce que peut le travail consciencieux et dévoué à une œuvre. Les ouvriers et les maîtres unis, possédant le capital, les connaissances et l'expérience nécessaires, peuvent encore plus.

travailler (1). Le CHRIST n'a-t-il pas dit, d'ailleurs : « Donnez votre superflu aux pauvres ? » Il est donc juste qu'après avoir rémunéré le capital et le travail, et après avoir paré, en outre, aux éventualités qui pourraient les atteindre, une petite part des bénéfices excédants soit accordée aux frères invalides et malheureux.

Si ce système (que je suis étonné et que je regrette doublement de n'avoir pas vu introduire dans les Associations ouvrières, où sa place se trouvait pourtant si logiquement marquée), si un tel système, dis-je, était généralement appliqué, surtout dans les grandes entreprises par association, que je crois devoir se multiplier dans un prochain avenir, et remplacer les petites et impuissantes exploitations isolées (2), l'extinction du paupérisme serait bientôt réalisée ; — ce que la charité individuelle et l'assistance légale, trésors qu'on gaspille et qu'on épuise, ne parviendront jamais à faire.

(1) Il est des peuples qui tuent les infirmes et les vieillards devenus incapables. Nous trouvons cela barbare, et cependant il est moins cruel de détruire un homme pour lui épargner la souffrance que de lui conserver la vie et de le laisser toujours souffrir, de même qu'il est moins cruel de guillotiner que de torturer.

(2) Dans l'état actuel, le travail et l'épargne ou petit capital sont repoussés des grandes associations lorsqu'elles sont avantageuses : les gros capitaux les gardent pour eux. On n'admet les petits capitaux que dans les mauvaises entreprises, où ils doivent se perdre au profit des spéculateurs. Il suit de là que l'association, constituée en monopole par les gros capitaux, fait une mortelle concurrence aux petites exploitations, rend ainsi funeste au travail et à la démocratie le moyen qui doit les affranchir, et fausse le principe par excellence sur lequel repose l'avenir. Avec notre système, la grande exploitation profitant au travail et aux petits capitaux comme au gros capital, elle ne nuit à personne en se substituant aux petites exploitations, qui ont plus d'intérêt à se réunir à la grande exploitation qu'à rester isolées.

En résumé, la reconstitution de la grande propriété au moyen d'associations foncières et agricoles, dans le sens qui vient d'être expliqué, aura principalement pour résultats matériels et moraux :

Soit d'augmenter les produits, de diminuer les frais, et d'accroître ainsi le revenu net, la richesse et le bien-être des populations agricoles en particulier et de tout le monde en général : — et le bien-être joue un grand rôle dans la civilisation et la moralisation des masses !

Soit de soustraire la propriété foncière et l'agriculture aux emprunts onéreux et aux ventes forcées ;

Soit, enfin, de concilier les intérêts, d'unir les hommes et de les rendre meilleurs et plus heureux.

OUVRAGES DU MEME AUTEUR.

Examen critique du siècle et plan d'améliorations sociales. Février 1839.

De l'organisation du Crédit foncier. Mai 1839.

Plan d'éducation populaire. Juillet 1839.

De la création et de la transmission des offices. Septembre 1839.

De l'association et des sociétés par actions et autres. Juillet 1840.

Un mot, à propos de la question d'Orient, sur le devoir de la France et l'avenir de l'Europe, et lettre au roi. Août 1840.

De la liberté professionnelle et de l'abolition de la vénalité des offices et des priviléges. 1841.

Protestation contre une décision du ministre de l'Instruction publique, prise en conseil royal, au sujet d'une demande tendant à ouvrir un Cours public et gratuit d'économie politique et industrielle pratique, et appel de cette décision du ministre et du conseil royal dans l'erreur au ministre et au conseil royal mieux informés. 1842.

De l'alignement des rues. 1844.

Observations sur le régime cellulaire. 1846.

De l'Organisation du travail. 1848.

Le Pouvoir et l'Assemblée nationale jugés par leurs actes. 1848.

Plus d'impôts, ou nouveau système financier, ayant notamment pour résultat de supprimer les impôts, de relever immédiatement l'agriculture, l'industrie et le commerce, et de procurer à tous la vie à bon marché. 1848-1849.

Situation. Reconstitution de l'Europe et nouvelle organisation sociale et politique, ou **nouveau système gouvernemental, financier, administratif et judiciaire.** 1849.

Réforme financière. 1850.

Nouveau mode de gouvernement. 1850.

Lettre au Pape sur l'unité européenne, et les destinées de Rome. 1850. (Inédite.)

1289. — Paris, imprimerie Guiraudet et Jouaust, rue Saint-Honoré, 338.

www.ingramcontent.com/pod-product-compliance
Lightning Source LLC
LaVergne TN
LVHW010021230826
846092LV00002B/930

9782019233037